Vögel

Nick Arnold
Robin Edmunds
Ken Oliver

Ravensburger Buchverlag

Aus der Vogelperspektive

Vögel findest du wirklich überall. Millionen dieser gefiederten Lebewesen bevölkern den Himmel auf der ganzen Welt. Wir kennen ungefähr 9000 verschiedene Arten. Diese hier kennst du ganz sicher.

Hechelnde Sittiche
Wellensittiche gehören zu den beliebtesten Haustieren. Sie sind zwar nicht besonders schlau, aber sie wenden einen bemerkenswerten Trick an: Sie atmen 300-mal pro Minute! Auf diese Weise geben sie Wasser und Hitze ab, um ihren Körper zu kühlen.

Wellensittiche

Starenschwärme

Star

Bei einem Spaziergang durch die Stadt wirst du auf Schritt und Tritt Stare sehen. Diese gefräßigen Vögel leben in Schwärmen mit bis zu 1 Million Tieren. In manchen Teilen von London (England) bildet ihr Mist eine Schicht von bis zu 30 cm.

Hungrige Picker

Der afrikanische Blutschnabelweber frisst täglich nur 10 g – aber ein Webervogel kommt nie allein. Wenn ein Schwarm von 1 Million Tiere über ein Feld herfällt, bleibt nichts übrig. So können sie Hungersnöte verursachen.

Blutschnabelweber

Kaum zu glauben …

Webervögel stellen ein solches Problem dar, dass die Menschen sie mit allen Mitteln bekämpfen. Sie haben es mit Flammenwerfern und Dynamit versucht, aber die beste Methode ist immer noch, sie einfach mit einer Rassel zu verscheuchen.

3

Vögel einst und jetzt

Die Vorfahren unserer Vögel waren ziemlich merkwürdige Gesellen. Schau dir diese Burschen mal genauer an …

Die ersten Federn
Archaeopteryx (das heißt „alter Vogel") ist der älteste aller Vögel. Er hüpfte vor rund 150 Millionen Jahren über die Zweige. Obwohl er schon Federn hatte, glauben viele Forscher, dass er noch nicht richtig fliegen konnte.

Archaeopteryx

versteinerter Archaeopteryx

Flügel
Schwanz
Bein

Ausgestorben
Rund 150 Millionen Jahre später liefen riesige, 3,70 m hohe pflanzenfressende Vögel in Neuseeland herum. Allerdings nur bis zum Jahr 1800, denn dann sorgten Jäger dafür, dass sie ausgerottet wurden.

Groß und klein

Moderne Vögel gibt es in allen möglichen Formen und Größen. Sie sind hervorragend an die Umwelt angepasst. Watvögel beispielsweise haben lange Beine, damit sie bei der Futtersuche nicht bis zum Hals im Wasser stehen.

Säbelschnäbler

Wozu Steine?

Vögel haben vieles gemeinsam. Pflanzenfressende Vögel haben zum Beispiel einen besonderen Muskelmagen, um die harte Pflanzennahrung zu zerkleinern. Sie verschlucken Steinchen und zerreiben damit harte Samen.

Muskelmagen

Kaum zu glauben ...

Vögel haben kräftige Herzen. Das Herz eines Rotkehlchens schlägt 600-mal pro Minute Harte Arbeit für einen fliegenden Winzling!

Rotkehlchen

Vogelgesang

Bist du schon einmal von einem Vogelchor geweckt worden? Vogelmännchen singen, um ihr Revier zu kennzeichnen. Nur wenn sie andere Männchen vertreiben, finden sie genug Würmer und Insekten für ihre Jungen. Und mit ihrem Gesang locken sie Weibchen an.

Kaum zu glauben …

In einem Wald bei Oxford haben Forscher einmal alle Kohlmeisen eingefangen und dann Kohlmeisenlieder vom Tonband abgespielt. Kein anderes Kohlmeisenmännchen traute sich in den Wald hinein.

Kohlmeise

Kein Scherz

Der Lachende Hans in Australien wird auch „Wecker der Buschmänner" genannt. Er weckt die Menschen mit seinem lauten Gelächter auf. Gar nicht zum Lachen finden ihn sicher die Goldfische, die er gern jagt.

Lachender Hans

Flirt

Sobald ein männlicher Vogel ein Revier erobert hat – hier findet er Nahrung, Wasser und einen Nistplatz –, versucht er, eine Partnerin anzulocken. Dieses Verhalten wird Balz genannt.

Der Seidenlaubenvogel imponiert den Weibchen mit einer Laube aus verflochtenem Gras.

Seidenlaubenvogel

Paarlauf der Renntaucher

Paarlauf

Findet sich ein Paar Renntaucher zusammen, wagen sie ein Tänzchen. Sie schlittern über die Wasseroberfläche und schlagen dabei wild mit den Flügeln. Danach schenken sie ihrem Partner einen tropfenden Zweig Wasserpflanzen.

Groß muss er sein

Die männliche Küstenseeschwalbe schenkt ihrer Partnerin einen zappelnden Fisch. Diese tut sich aber nur mit ihr zusammen, wenn der Fisch groß genug ist. Denn dann weiß sie, dass das Männchen ein guter Jäger ist und sie und die Jungen versorgen kann.

starke Flügel

Küstenseeschwalbe

Die besten Nester

Nester sind ideale Plätze zum Eierlegen und zur Aufzucht der Jungen. Es gibt die unterschiedlichsten Konstruktionen, von ganz einfach bis überaus kunstvoll.

Mit Geduld und Spucke

Salanganen leben in Höhlen. Dort gibt es weder Gras noch Blätter. Sie bauen ihre Nester aus Speichel, der an der Luft aushärtet.
In der chinesischen Küche wird daraus die Vogelnestsuppe gekocht. Appetit darauf?

Wunderbare Weber

Die Siedelwebervögel Südwestafrikas bauen aus Gras und Blättern bis zu 300 miteinander verbundene Nester.

Gemeinschaftsnest der Siedelwebervögel

Von dem schrägen Dach fließt der Regen ab.

Kaum zu glauben ...

Im Wettbewerb um das merkwürdigste Nest gibt es zwei Sieger:

1. Der Veilchentrogon baut sein Nest in einem Wespenbau. Vorher frisst er allerdings die Wespen auf.

2. Ein afrikanischer Triel, auch Glotzauge oder Dickkopf genannt, legt seine Eier am liebsten in trockenen Nilpferdkot.

Absturzgefährdet

Australische Seeschwalben legen ihr Ei einfach auf einen nackten Ast. Die Seeschwalbenküken müssen sich mit den Füßen festklammern, damit der Wind sie nicht vom Sitz bläst. Manchmal hängen sie sogar mit dem Kopf nach unten.

Australische Seeschwalbe mit Ei

Fürsorgliche Väter

In Australien kümmern sich männliche Thermometerhühner um einen mächtigen Haufen aus verrottenden Blättern und Erde. Die Blätter geben Wärme ab und brüten die Eier aus, die im Innern des Haufens liegen.

Ein Thermometerhuhn scharrt auf seinem Haufen.

Vom Ei zum Küken

Die meisten Vögel sitzen auf dem Nest, um ihre Eier auszubrüten. Durch die Wärme wachsen die Jungen heran.

Eier sind wie eine Kapsel gebaut, gefüllt mit nährstoffreicher Nahrung. Das Vogelbaby lebt vom gespeicherten Eiweiß und atmet durch die dünne Schale.

Rekordeier
Das winzige Ei des Zwergkolibris liegt in einem fingerhutgroßen Nest aus Spinngeweben. Schau dir daneben das Riesenei der Madagaskarstrauße an. Es hat einen Inhalt von 8,88 Litern und wird auf Madagaskar noch heute als Gefäß benutzt, obwohl der Vogel längst ausgestorben ist.

Ei des Madagaskarstraußes

Eiformen

Eier können verschiedene Formen haben. Vögel, die auf schmalen Felsklippen brüten, haben Eier mit zugespitzten Enden. Sie können nur im Kreis rollen und fallen deshalb nicht hinunter.

Der Eizahn

Wenn Küken schlüpfen, schneiden sie sich mit einem Zahn auf dem Schnabel durch die Eischale. Die meisten schaffen das innerhalb von 30 Minuten, beim Albatros kann es aber sechs Tage dauern, bis er sich aus seinem großen Ei befreit hat.

Schnabel auf!

Frisch geschlüpfte Vögel sind nackt und blind. Sie sind dauernd hungrig und reißen ihre kleinen Schnäbel weit auf, um die Eltern um Futter anzubetteln. Diese stopfen ihnen Insekten, Würmer und Raupen in den Schnabel.

schlüpfendes Fasanenküken

Der listige Kuckuck

Der Kuckuck baut kein eigenes Nest. Er wartet, bis andere Vogeleltern ihr Nest verlassen und legt dann sein Ei dazu. Sobald der Jungkuckuck geschlüpft ist, wirft er seine fremden Geschwister aus dem Nest und verschlingt gierig alles, was die armen Eltern unermüdlich bringen.

Kuckuck

KUNSTWERKE AUS FEDERN

Nur Vögel haben ein Federkleid. Federn sind leicht und doch stabil. Sie bedecken und schützen den Körper, bilden die Schwingen und den Schwanz.

Kuschlig warm
Daunenfedern sitzen direkt am Körper des Vogels. Sie bilden eine isolierende Luftschicht, die den Körper mollig warm hält.

Wunderbare Flügel
Indem sie die Flügelfedern spreizen oder zusammenlegen, steuern die Vögel ihren Flug.

Daunenfeder

Der beste Flügel für kurze, wendige Flüge ist rundlich geformt, so wie bei einem Fink. Damit kann er steuern und beschleunigen. Für Langstreckenflüge sind zugespitzte, gebogene Flügel, wie bei Mauerseglern, besser geeignet.

Flügel eines Finks

Flügel eines Mauerseglers

Fantastische Federn

Die Schwungfedern eines Vogels bestehen aus hunderten von dicht gepackten Federstrahlen, die über seitliche Häkchen miteinander verbunden sind. Dadurch entsteht eine glatte Oberfläche, über die die Luft beim Fliegen hinwegstreift.

Die glatte Oberfläche entsteht durch Häkchen zwischen den Federstrahlen.

Schwanzfedern

Mit den Schwanzfedern steuert der Vogel, bremst bei der Landung und balanciert, wenn er auf einem Ast sitzt.

Häufig haben die Männchen besonders lange Schwanzfedern, um den Weibchen zu imponieren. Pfauenfedern beispielsweise sind mit wunderschönen, farbenprächtigen Augen verziert.

Pfauenfeder

Kaum zu glauben ...

Vögel putzen ihr Gefieder, um es in Form zu halten. Manche baden in Pfützen. Eichelhäher wälzen sich in Ameisenhaufen. Die Ameisen scheiden eine Säure aus, die Milben aus dem Gefieder vertreibt.

ABHEBEN

Um Feinden zu entkommen, können sich Vögel in die Luft erheben. Was ist das Geheimnis dieser Fähigkeit?

Segelflug
Hier die Antwort: die Stromlinienform. Wegen der gebogenen Form des Flügels streicht die Luft schneller über die Flügeloberseite als über die Unterseite. Dadurch entsteht oben ein Unter- und unten ein Überdruck, der den Vogel nach oben treibt, der so genannte Auftrieb.

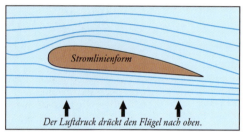

Stromlinienform

Der Luftdruck drückt den Flügel nach oben.

Kräftige Muskeln
Auf der Brust eines Vogels sitzen die mächtigen Flugmuskeln, die etwa ein Drittel seines Gewichtes ausmachen.

Taube

Flugmuskeln in der Brust

Bartgeier

Nach oben getragen
Vögel können die Thermik ausnutzen, das sind warme, nach oben gerichtete Luftströmungen.

Der Vogel fliegt enge Kreise und lässt sich nach oben tragen. Das ist viel leichter, als mühsam mit Flügelschlägen aufwärts zu fliegen.

Erfolglose Flieger
Möchtest du wie ein Vogel fliegen können? Keine Chance, das hört sich leichter an als es ist. Unsere Brustmuskeln sind viel zu schwach, um Flügel tragen und damit schlagen zu können. Daher sind bisher alle Menschen, die zu fliegen versuchten, auf die Nase gefallen.

Kaum zu glauben ...

Das wissenschaftliche Genie Leonardo da Vinci (1452–1519) hat eine Maschine entworfen, mit der Menschen fliegen sollten. Zum Glück hat er diese Maschine nie gebaut und getestet, denn sie wäre viel zu schwer gewesen. Hätte er sie ausprobiert, wäre er schnell wieder auf der Erde gelandet.

Leonardo da Vincis Flugmaschine

LUFTAKROBATEN

Auf diesen beiden Seiten lernst du einige wahre Flugkünstler kennen.

Dauersegler
Mauersegler (Mitte) bleiben bis zu 22 Monate in der Luft, ohne zu landen. Sie schlafen, fressen und trinken hoch am Himmel. Im Flug schnappen sie nach Insekten und trinken Regenwasser. Die langen Flügel und gegabelten Schwänze sorgen für den nötigen Auftrieb.

Kopfsprung abwärts
Wenn Wanderfalken herabstoßen, um Beute zu machen, klappen sie die Flügel ein und stürzen sich mit einer Geschwindigkeit von bis zu 132 km/h auf ihr Opfer. Dieses hat keine Chance, dem Zugriff der Klauen zu entgehen.

Wanderfalke

Höhenrekord

Im Jahr 1973 wurde ein Sperbergeier in der kalten Luft über Westafrika beobachtet – in einer Höhe von 11 274 m. Niemals ist ein uns bekannter Vogel höher aufgestiegen. Leider stieß er mit einem Flugzeug zusammen. Das Flugzeug hatte nur eine Delle, der Geier überlebte den Unfall nicht.

Sperbergeier

Weltmeister

Kein Vogel arbeitet härter als der Kolibri. Wenn er vor einer Blüte schwebt und Nektar (Zuckersaft) trinkt, schlagen seine kleinen Flügel 200-mal pro Sekunde. Ohne sich auszuruhen schlagen seine Flügel 1 Million Mal hintereinander.

Kolibri

Kaum zu glauben …

Würden wir Menschen genauso hart arbeiten wie ein Kolibri, würde sich unser Körper auf 399 °C erhitzen. Wahrscheinlich würden wir in Flammen aufgehen!

Nonstopflug

Viele Vögel unternehmen jedes Jahr einen Vogelzug, der sie vom nördlichen Erdteil in den südlichen und wieder zurück bringt. Diese so genannten Zugvögel überwintern in warmen Ländern, wo sie genügend Nahrung finden.

Leben über den Wellen

Der Wanderalbatros macht seinem Namen alle Ehre: Er wandert im Flug rund um die Antarktis. Mit seiner Flügelspannweite von 3,63 m kann er hunderte von Kilometern fliegen. Pause macht er nur, um sich einen saftigen Kalmar oder Kraken aus dem Wasser zu holen.

Wanderalbatros

Rekordflieger

Küstenseeschwalben legen die unglaubliche Strecke von 13 000 km zurück. Den Sommer verbringen sie in der Arktis, dann fliegen sie nach Süden. Wenn sie in der Antarktis ankommen, beginnt dort gerade der Sommer. Gutes Wetter bedeutet viele leckere Insekten als Beute.

Küstenseeschwalbe

Kaum zu glauben …
Eine Küstenseeschwalbe kann 30 Jahre alt werden. In dieser Zeit fliegt sie 30-mal um die Erde.

Kompass im Kopf
Forscher haben herausgefunden, dass viele Vögel, zum Beispiel die Tauben, das Magnetfeld der Erde wahrnehmen können. Ihr eingebauter Kompass sagt ihnen, wo Norden ist. Außerdem benutzen sie die Position der Sonne und Sterne, um sich zurechtzufinden.

Ein kurzer Hüpfer
Nicht alle Vögel sind abenteuerlustig. Ein besonders reiseunlustiger Vogel ist das nordamerikanische Blauhuhn (links). Dieser furchtsame Schnatterer wandert im Sommer gerade einmal 300 m einen Berg hinauf, um im Wald zu brüten.

INTELLIGENTE VÖGEL

Wie du schon an ihrer Orientierungsfähigkeit gesehen hast, sind Vögel mit Supersinnen ausgestattet.

Trickreich

Der afrikanische Honiganzeiger (rechts) kennt einen erstaunlichen Trick, um an Honig zu kommen. Er sucht ein Bienennest und schreit dann so lange, bis ein Honigdachs aufmerksam wird. Der Honigdachs reißt das Nest auf, und auch der Vogel bekommt seinen Anteil an Honig und köstlichen Larven.

Gedächtnisakrobat

Hast du ein gutes Gedächtnis? Ansonsten solltest du dir ein Beispiel an dem amerikanischen Weißbrustkleiber nehmen. Dieses Vogelgenie versteckt nicht nur 33 000 Samen und Nüsse – er findet sie auch wieder!

Ein Maina als Star

Mainas sind berühmt, weil sie menschliche Stimmen imitieren können. Im Jahr 1939 trat der Maina mit dem Namen Raffles als Reklamesprecher im Radio auf und erhielt einen Orden, weil er die Soldaten unterhielt.

Maina

20

Ich bin's, Mama!
Adelipinguine erkennen ihre Jungen an der Stimme sogar unter tausenden anderer Pinguine. Auch die Jungen erkennen ihre Eltern an der Stimme. Als Belohnung gibt es durchnässten, vorverdauten Fisch.

Adleraugen
Forscher glauben, dass Greifvögel, zum Beispiel Adler, fünfmal schärfer sehen als wir Menschen. Ein Adler kann ein Kaninchen noch aus 3 km Entfernung ausmachen.

Steinadler

Kaum zu glauben …
In Kalifornien gerieten Truthähne, als ein Flugzeug über sie hinweg flog, so in Panik, dass sich 13 000 von ihnen zu Tode trampelten.

Wilder Truthahn

FUSSFORMEN

Die Größe und Form der Vogelfüße richtet sich danach, wo sie leben und was sie fressen.

Schwimmfüße
Enten, Gänse, Flamingos und andere Wasservögel haben Schwimmfüße. Sie sind ideal zum Paddeln. Außerdem wirken sie wie eine Art Fallschirm, wenn der Vogel auf dem Wasser landet.

Gänsefuß

Teichhuhnfuß

Bloß nicht versinken
Teichhühner leben an feuchten, sumpfigen Orten. Die weit auseinander stehenden Zehen verteilen das Gewicht des Körpers. Daher versinken sie nicht im weichen, klebrigen Schlamm.

Krähenfüße
Krähenfüße sind nicht nur Fältchen, die sich um die Augen mancher Menschen bilden – darauf laufen auch die Krähen herum. Sieh dir den Fuß unten gut an, die meisten Vögel haben ähnliche Füße.

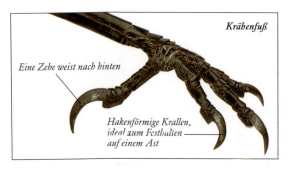

Krähenfuß

Eine Zehe weist nach hinten

Hakenförmige Krallen, ideal zum Festhalten auf einem Ast

Mächtige Greifer

Sperber haben gefährlich aussehende Zehen. Damit können sie zwar nicht besonders gut laufen, dafür aber umso besser Beute packen und in Stücke reißen.

Sperberfuß

Stelzenläufer

Langbein

Die längsten Beine hat der Stelzenläufer, der seinen Namen zu Recht trägt. Er watet im tiefen Wasser herum. An Land sieht er aus, als liefe er auf Stelzen.

Kaum zu glauben …

Hast du dich schon einmal gewundert, dass ein Vogelbein verkehrt herum geknickt ist? In der Tat gehört der Knick im Bein nicht zum Knie – er ist das Fußgelenk. Vögel laufen auf Zehenspitzen. Das Knie ist unter dem Federkleid verborgen.

Rotschenkel

Fußgelenk

23

Schnabelformen

Mit ihren Schnäbeln nehmen Vögel Nahrung auf. Sie picken, hacken, fischen damit. Jeder Schnabel ist an ein bestimmtes Futter angepasst.

Vielzweckschnabel
Amseln haben einen Vielzweckschnabel. Er ist lang genug, um Insekten aus ihren Löchern zu holen, und die spitzen Enden gleichen einer Pinzette. Damit picken sie nach saftigen Leckerbissen.

Amsel

Nussknacker
Finkenschnäbel sind kurz und kräftig – genau richtig, um harte Samen aufzuknacken.

Fink

Seihende Enten
Viele Enten seihen: Sie bewegen den Schnabel durch das Wasser und öffnen und schließen ihn dabei. So können sie Futter aus dem Wasser sieben.

Stockente

Kaum zu glauben …

Den längsten Schnabel im Verhältnis zum Körper hat der Schwertschnabelkolibri. Er steckt seinen 10,5 cm langen Schnabel – das ist länger als sein Körper – in eine Blüte und trinkt den Nektar. Wie würdest du wohl mit einer so langen Nase aussehen?

Schwertschnabelkolibri

Gefangener Fischer

Der Schnabel des Austernfischers ist auf das Öffnen von Muscheln spezialisiert. Mit dem stumpfen Ende schlägt er ein Loch in die Muschelschale. Dann hebelt er die Schale mit dem Schnabel auf. Wehe, er ist nicht vorsichtig! Klappt die Auster die Schale zu und hält ihn fest, ist er gefangen. Wenn die Flut kommt, muss er ertrinken.

Austernfischer

VOGELFUTTER

Jeder Vogel frisst nur eine ganz bestimmte Nahrung. Die einen bevorzugen appetitliche Samen und Körner, wie der Wellensittich, andere gehen auf die Jagd und erbeuten Tiere von der Maus bis zum Lamm.

Feinschmecker
Der Schneckenweih, der im Everglades Nationalpark von Südflorida lebt, ist äußerst wählerisch. Er frisst nur eine ganz bestimmte Schneckenart und hat sogar eine spezielle Kralle, um die Schnecke aus ihrem Haus zu ziehen.

hellroter Ara

Schneckenweih

Gewusst wie
Hellrote Aras fressen alle möglichen Früchte und Samen, auch giftige. Als Gegenmittel fressen sie eine bestimmte Sorte Lehm. Dieser verklebt die giftigen Substanzen in ihrem Magen und macht sie weniger gefährlich.

Kaum zu glauben ...

Hast du dich jemals gefragt, warum Flamingos so wunderschön rosa sind? Junge Flamingos sind weiß. Sie werden von ihren Eltern mit einer Suppe aus halbverdauten roten Insekten gefüttert. Das führt zu der rosa Färbung.

Flamingo

Vampire

Auf der einsamen Wolf-Insel – sie gehört zu den Galápagos-Inseln vor der Küste Südamerikas – lebt ein Vogel mit einer Vorliebe für Blut. Dieser kleine „Vampirfink" ist die Antwort der Vogelwelt auf Dracula. Er schleicht sich an andere Vögel an, trinkt ihr Blut und raubt ihre Eier. Wahrscheinlich hätte er auch nichts gegen einen Tropfen Menschenblut einzuwenden.

Friedliches Miteinander

Manche Vögel leben in einer Zweckgemeinschaft mit anderen Tieren. Afrikanische Kuhreiher zum Beispiel picken größeren Tieren die blutsaugenden Insekten vom Rücken ab. Nähert sich ein Raubtier, warnen die Kuhreiher ihre Gastgeber sogar. Wissenschaftler nennen diese Beziehung eine Symbiose.

Kuhreiher

TOTENGRÄBER

Warnung
– diese Seiten sind nichts für Zartbesaitete!
Manche Vögel fungieren als Gesundheitspolizei.
Sie ernähren sich von Aas – also von toten Tieren. Die meisten Geier haben kahle Köpfe, weil
das Blut ihrer Beutetiere
Federn verkleben
würde.

Toller Geruchssinn

Truthahngeier können ein
totes Tier aus 1,6 km Entfernung entdecken. Mithilfe ihres
Geruchssinns spüren sie den
Kadaver auf. Manchmal versammeln sie sich an den Lecks von
Gasleitungen, weil
das Gas so ähnlich riecht, wie
ein verfaulender Körper.
Techniker
auf der Suche
nach Gaslecks wissen solche
Hilfe zu schätzen.

Truthahngeier

Kaum zu glauben …

Weißrücken- und Sperbergeier stecken ihre langen, nackten
Hälse in den Kadaver toter Tiere und fressen die Eingeweide. Manchmal kriechen sie sogar ganz hinein, um sich
keinen Leckerbissen entgehen zu lassen.

Clevere Knochenbrecher

Bartgeier lassen nichts umkommen – nicht einmal die Knochen, denn sie lieben das saftige Mark. Sie tragen die Knochen hoch in die Luft und lassen sie auf Felsen fallen, bis sie zerbrechen. Nun können sie das Mark mit ihren langen Zungen ausschlürfen.

Bartgeier

Steinwerkzeuge

Wenn Schmutzgeier ein Straußenei aufbrechen wollen, nehmen sie einen Stein in den Schnabel und lassen ihn so lange auf das Ei fallen, bis es zerbricht.

Unangenehmer Geruch

In der Antarktis gibt es keine Geier. Ihre Aufgabe übernehmen hier die Riesensturmvögel. Sie fressen alles, von toten Seehunden und Walen bis zu unvorsichtigen lebenden Vögeln. Sie sind ungesellig und riechen sehr streng.

HUNGRIGE JÄGER

Für eine andere Gruppe von Vögeln wären tote Beutetiere eine Zumutung. Sie ziehen lebende, zappelnde und frische Beute vor. Das sind die Greifvögel.

Perfekte Fischer

Fischadler jagen Fische. Sie erspähen Fische, die im Wasser zappeln. Mit vorgestreckten Füßen taucht der Fischadler ins Wasser. Seine krallenbewehrten Füße greifen sicher zu, packen den glitschigen Fisch und lassen nicht mehr los.

Gefiederte Jagdhelfer

Im Mittelalter – etwa zwischen dem 5. und 15. Jahrhundert – mussten Habichte für die Menschen arbeiten. Mit ihnen fing man kleine Vögel für große Bankette. Die Kunst der Vogeljagd, die Falknerei, begann vor über 4000 Jahren in China.

Fischadler

30

Furcht erregende Harpyie

Die Harpyie lebt im Urwald von Südamerika. Sie macht vor allem Jagd auf Faultiere und Affen. Gerade noch hängt das Faultier friedlich an einem Ast, macht ein Nickerchen oder nagt an Blättern, im nächsten Augenblick schon packen die 23 cm langen Krallen der Harpyie zu, zerren es vom Ast und tragen es weg.

Harpyie

Weißkopfseeadler

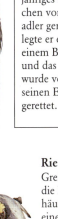

Kaum zu glauben ...

Im Jahr 1932 wurde ein vierjähriges norwegisches Mädchen von einem riesigen Seeadler geraubt. Zum Glück legte er es auf einem Berg ab und das Kind wurde von seinen Eltern gerettet.

Riesige Nester

Greifvögel bauen ihre Nester, die Horste genannt werden, häufig aus Zweigen. Das Nest eines amerikanischen Weißkopfseeadlers kann einen Durchmesser von 2,90 m haben. Ein Nest in Florida brachte es auf das beachtliche Gewicht von 3000 kg.

31

In Deckung!

Wenn hungrige große Greifvögel auf die Jagd gehen, ist es sicherer, Deckung zu suchen. Am wirkungsvollsten ist Tarnung. Wenn die gejagten Tiere die Farbe des Untergrunds haben, sind sie fast nicht zu erkennen.

Perfekte Tarnung

Das Blaukrönchen ist ein Experte für Tarnung. Zum Schlafen hängt es sich mit dem Kopf nach unten an einen Ast. Dann sieht es mit seinem grünen Rücken aus wie ein Blatt.

Blaukrönchen

Tier oder Ast?

In der Dämmerung gehen Ziegenmelker auf Insektenjagd. Am Tag sitzen sie völlig ruhig am Boden und sehen aus wie ein unscheinbarer alter Ast.

Wo ist der Ziegenmelker?

Ich rufe dich!

In Nordamerika lebt der Whip-Poor-Will. Er kann seinen Namen „Wip-pur-wil" hundertmal und mehr hintereinander rufen.

Whip-Poor-Will

Eulenschwalm

Lebendiger Stock

Dieser Vogel ist ein Meister der Tarnung. Der Eulenschwalm hat die Farbe von Baumrinde und sieht am Tag aus wie ein Stock. In der Nacht erwacht der Stock zum Leben und jagt Frösche, Hundertfüßer und Mäuse.

Gefiederter Schauspieler

Vögel, die am Boden brüten, legen gut getarnte Eier, damit sie nicht von Räubern entdeckt und verspeist werden. Kiebitze schützen ihre Eier sogar noch besser. Nähert sich ein Feind, tut die Mutter so, als sei sie verletzt und lockt ihn vom Nest weg.

Kiebitzweibchen

WASSERVÖGEL

Viele Vögel verbringen ihre Zeit am Wasser. Hier finden sie reichlich Beute und gute Nistplätze. Auf diesen Seiten erfährst du einige Besonderheiten und Tricks dieser Tiere.

Schluck!

Wie viele andere Wasservögel lebt auch der Pelikan von Fisch. Der dehnbare Kehlsack ist ein praktisches Fischernetz. Mit etwas Glück fängt der Pelikan einen fetten Happen, hat er Pech, war's nur ein Sack voll Wasser.

Kehlsack

Pelikan

Kann mal jemand sauber machen?

Eisvögel leben in Höhlen im Flussufer. Die Eltern tauchen nach Fischen, um ihre hungrigen Kinder zu füttern. Wenn die Jungen das Nest verlassen können, ist die Höhle voller Vogelkot und halbverdauter Fischgräten.

Eisvogel

Dicht an dicht
Auf vielen Felsenklippen wimmelt es von brütenden Vögeln. Papageitaucher und Sturmtaucher brüten stets ganz oben, Kormorane und Krähenscharben in der Nähe des Wassers. Den Raum dazwischen belegen Dreizehenmöwen, Lummen und Tordalken.

Papageitaucher

Möwensturmvogel

Miese Nachbarn
Möwensturmvögel sind ungesellige Vögel, die oben auf den Klippen brüten. Kommt ihnen jemand zu nahe, bespritzen sie ihn mit einer übel riechenden Flüssigkeit aus ihrem Magen.

Diebe am Himmel
Fregattvögel fressen Fische, Kalmare und andere Meerestiere, rauben aber auch anderen Vögeln die Beute. Sie jagen so lange hinter ihren Opfern her, bis diese ihre Mahlzeit auswürgen oder fallen lassen. Noch in der Luft schnappen die Fregattvögel zu.

Männliche Fregattvögel blasen ihren roten Kehlsack auf, um Weibchen zu imponieren.

Gut zu Fuss

Obwohl Vögel hervorragende Flugkünstler sind, gibt es auch einige, die zum Bodenpersonal gehören. Wenn Gefahr im Anzug ist, nehmen sie zu Fuß Reißaus. Dabei können sie beachtliche Geschwindigkeiten erreichen.

Rennender Vogel

Der Strauß ist der größte Vogel der Erde. Er kann zwar nicht fliegen, rennt aber mit einer Geschwindigkeit von bis zu 72 km/h. Seine elastischen Beinsehnen unterstützen die Sprünge auf den beiden Zehen.

Wenn er ausruht, senkt er den Kopf, hebt den Schwanz und plustert sich auf. Ein hungriger Jäger hält ihn aus der Entfernung dann für eine Art Busch.

Strauß

lange Schwanzfedern

kräftige Beine

36

Schlangenjäger

Der Sekretär kann zwar fliegen, geht aber lieber zu Fuß über die afrikanischen Ebenen. Entdeckt er eine Schlange, trampelt er auf ihr herum und tötet sie mit seiner gekrümmten hinteren Kralle.

Sekretär

Weg da, ich komme!

Der Rennkuckuck flitzt mit einer Geschwindigkeit von bis zu 42 km/h über die offenen Ebenen Nordamerikas, vor allem wenn er eine Eidechse oder eine Schlange verfolgt.

Im Lauf balanciert der Rennkuckuck mit dem Schwanz.

Nachts auf Streifzug

Der braune Kiwi lebt in Neuseeland. Er ist ein scheuer, flugunfähiger, nachtaktiver Vogel. Mit den Nasenlöchern am Ende seines langen, spitzen Schnabels erschnuppert er Insekten, Würmer und Beeren.

Kiwi

37

Die Nachtaktiven

In der Nacht kuscheln sich die meisten Vögel zusammen und fallen in den wohlverdienten Schlaf. Einige werden jedoch jetzt erst aktiv und gehen auf die Jagd.

Nächtlicher Knabberer
Der Kakapo von Neuseeland (rechts) ist ein ungewöhnlicher Papagei. Am Tag versteckt sich der flugunfähige Vogel zwischen Felsen, Büschen oder in einem Bau. In der Nacht sucht er nach Früchten, Beeren, Nüssen und Samen. Außerdem ist er ein guter Kletterer.

Lautlos und tödlich
Die Schnee-Eule ist ein mächtiger, arktischer Jäger. In lautlosem Flug stürzt sie sich auf ahnungslose Mäuse, Wühlmäuse und Schneehasen. Da sie am Tag und nachts jagt, müssen die kleinen arktischen Tiere ständig auf der Hut sein.

Weiche Schwungfedern dämpfen das Fluggeräusch

Schnee-Eule

Winzig, aber geschickt
Der Elfenkauz ist kaum größer als eine Erwachsenenhand. Bevor er einen Skorpion verschlingt, zieht er ihm den Stachel heraus und quetscht sein Opfer zu Tode.

Ich seh dich!
Eulen können in der Dämmerung 100-mal besser sehen als Menschen. Eulenaugen sind so groß, dass sie unbeweglich in ihren Höhlen liegen. Um rundum sehen zu können, drehen sie einfach ihren Kopf einmal ganz herum. Schade, dass wir das nicht können.

Elfenkauz

Was übrig bleibt
Eulen verschlucken ihre Beute mit Haut und Haar. Alles, was sie nicht verdauen können, würgen sie später als Gewölle wieder aus. Dieses Gewölle enthält die Knochen, Zähne und das Fell ihrer Opfer. Forscher untersuchen es und stellen fest, wovon sich eine Eule ernährt.

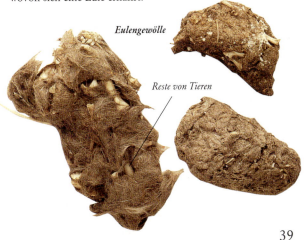

Eulengewölle

Reste von Tieren

Tropische Sänger

Vor Nässe triefende Bäume, bunte tropische Blumen, blutsaugende Insekten – im Regenwald gibt es alles im Übermaß. Auch Vögel – Millionen von Vögeln. Hier einige der wunderbarsten Exemplare.

Eine feuchte Wildnis
Die Tropen liegen beiderseits des Äquators – das ist eine gedachte Linie rund um die Mitte der Erde. Regenwälder sind die dicht bewaldeten Flächen der Tropen. Sie heißen so, weil es dort oft regnet.

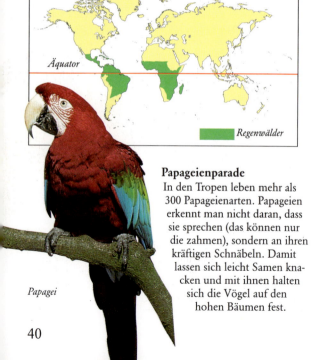

Äquator

Regenwälder

Papagei

Papageienparade
In den Tropen leben mehr als 300 Papageienarten. Papageien erkennt man nicht daran, dass sie sprechen (das können nur die zahmen), sondern an ihren kräftigen Schnäbeln. Damit lassen sich leicht Samen knacken und mit ihnen halten sich die Vögel auf den hohen Bäumen fest.

Angeberei

In den Wipfeln tropischer Bäume lebt es sich sicher, daher braucht es keine Tarnung. Wie die männlichen Paradiesvögel zeigen, lohnt es sich, ein wenig anzugeben, um Weibchen zu imponieren. Sie hängen sich mit dem Kopf nach unten an einen Ast und breiten ihr prächtiges Gefieder aus. Das sieht wirklich hübsch aus, ihr Geschrei hört sich aber an wie ein elektrischer Bohrer.

männlicher Blauer Paradiesvogel

Was für ein Schnabel!

Der Tukan hat einen Schnabel für zwei! Dieser sieht zwar sperrig aus, ist aber wirklich praktisch. Damit pickt er die Früchte von den Enden dünner Zweige ab, wirft sie hoch und fängt sie wieder auf.

Tukan

Kaum zu glauben …

Erinnerst du dich noch? Vögel müssen ihre Eier warm halten, bis die Jungen ausschlüpfen. In den heißen, feuchten Tropen werden die Eier jedoch leicht zu warm und die Babys darin überhitzen. Also kühlen einige tropische Reiher ihre Eier, indem sie feuchten Kot darüber spritzen.

Im Eis zu Hause

An den Polen, am Nord- und Südende der Erde, findet man eine eisige Wildnis aus Schnee und Eis vor. Dennoch fühlen sich hier Millionen von Vögeln zu Hause.

Sommermode
Wie viele Tiere der Arktis ist auch das Schneehuhn weiß gefärbt, um im Schnee nicht aufzufallen. Wenn der Schnee im Sommer schmilzt, bekommt es ein geflecktes Gefieder. Damit ist es zwischen den nackten Steinen gut getarnt.

Schneehuhn im Winterkleid *Schneehuhn im Sommerkleid*

Kaum zu glauben …
Der Scheidenschnabel lebt in der Antarktis. Da es dort keine Larven gibt, frisst er alles, was er kriegen kann. Zu einer typischen Mahlzeit gehören Seehundkot, tote Fische und alles, was er Pinguinen stehlen kann.

Frackträger
Pinguine können nicht fliegen, aber hervorragend schwimmen. Mit ihrer schlanken Gestalt, den Schwimmfüßen, dichten Federn und einer Fettschicht unter der Haut sind sie perfekt an das Leben auf dem Eis und für die Jagd unter Wasser angepasst.

Humboldtpinguin

Väter
Männliche Kaiserpinguine brüten zwei Monate lang das Ei aus, das ihre Partnerin gelegt hat. Dazu stehen sie aufrecht und balancieren das Ei auf ihren Füßen. Sie kuscheln sich mit anderen brütenden Männchen eng aneinander, um sich gegenseitig zu wärmen. Wenn das Junge schlüpft, kehren die Weibchen zurück. Nun geht das Männchen auf Nahrungssuche und kommt wieder, um das Junge zu füttern.

Kaiserpinguin

BEDROHTE VÖGEL

Vögel leben zwar überall, aber ihre Zahl geht zurück – und das durch unsere Schuld. Wir zerstören ihre Lebensräume und vergiften sie mit stinkenden Industrieabfällen und Müll. Wir sollten etwas dagegen tun!

Ausgestorben
Der Dodo ist berühmt, weil er ausgestorben ist. Diese flugunfähigen Vögel lebten tausende von Jahren auf Mauritius und auf anderen Inseln des Indischen Ozeans. Bis die Menschen kamen und Jagd auf sie machten – so lange, bis es nichts mehr zu jagen gab.

Dodo

Ein Feind genügt
Eine der traurigsten Vogelgeschichten spielte auf der Stephens-Insel. Hier lebte der winzige, flugunfähige Stephen-Schlüpfer. 1894 wurde der Vogel von dem Leuchtturmwärter entdeckt, dem einzigen Menschen auf der Insel. Leider hatte er eine Katze. Schon bald hatte sie alle Schlüpfer aufgefressen. Das war's.

Sag mir, wo die Tauben sind ...

Im 19. Jahrhundert lebten in Nordamerika Millionen von Wandertauben. Doch dann begannen die Menschen, sie zu jagen. 1914 war nur noch eine einzige Taube im Zoo übrig.

Wandertaube

Ein seltener Vogel

Von dem seltenen Japanischen Ibis (links) gibt es nur noch eine Hand voll Exemplare. Einige leben noch frei in China. Jetzt versucht man, sie in Zoos nachzuzüchten.

Ein guter Plan

Auf der Chatham-Insel bei Neuseeland lebt der seltene Chathamschnäpper. Forscher ließen seine Eier von einem anderen Vogel ausbrüten. Inzwischen hat der Schnäpper wieder gelegt und neue Vögel konnten ausgebrütet werden.

Chathamschnäpper

Vögel beobachten

Hast du schon mal versucht, Vögel zu beobachten? Das ist sehr spannend! Hier kommt deine große Chance.

Wo ist der Spatz?
Um einen Spatz zu sehen, brauchst du nicht weit zu gehen. Diese findigen kleinen Vögel leben fast überall. Sie lieben die Nähe der Menschen, picken nach Küchenabfällen oder holen sich einen Wurm aus dem Garten. Für sie ist der Tisch reich gedeckt.

Spatz

Gefiederte Freunde füttern
Im Winter füttern viele Menschen die Vögel, wenn diese nicht mehr ausreichend Nahrung finden. Im Sommer können sich die Vögel aber gut selbst versorgen. Samen und Larven sind eine gute Winternahrung, Körnerfutter reicht aber auch.

Mehlwürmer – ein delikates Mahl für insektenfressende Vögel

Samen – ideal für pflanzenfressende Vögel

Ein Versteck
Von einem Versteck aus kannst du Vögel beobachten, ohne gesehen zu werden. Bohr dir Gucklöcher in einen alten Schirm; das ist ein prima Versteck. Oder krieche unter eine alte Decke und verhalte dich ganz ruhig.

Eigenheime
Nistkästen sind gemütliche kleine Häuser für Vögel. Man kann sie selber bauen oder in Gartencentern kaufen. Sie brauchen ein schräges Dach, damit der Regen ablaufen kann, und vielleicht eine Stange. Hänge sie im Schatten auf und warte ab, wer einzieht.

schräges Dach

Stange

Warnung!
Störe niemals brütende Vögel! Wenn sie sich erschrecken, können sie ihre Jungen verlassen.

Ein echter Späher
Mit einem Fernglas kannst du Vögel aus der Entfernung beobachten und versuchen, sie zu bestimmen. Wähle ein nicht zu schweres Glas mit einer guten Vergrößerung – achtfach ist gut. Und du wirst staunen!

Fernglas

REGISTER

Adler 21, 31
Albatros 11, 18
Amsel 24
Ara 26
Austernfischer 25
Bartgeier 15, 29
Eier 8, 9, 10–11, 33, 41, 43
Eisvogel 34
Enten 22, 24
Eulen 38, 39
Federn 12–13, 36, 38, 42, 43
Finken 12, 24, 27
Fischadler 30
Flamingos 22, 27
Flug 12, 13, 14–15, 16–17, 18, 19
Flügel 12, 13, 14, 18

Fregattvogel 35
Geier 15, 17, 28–29
Greifvögel 30–31
Honiganzeiger 20
Japanischer Ibis 45
Kakapo 38
Kiebitz 33
Kiwi 19
Kleiber 20
Kohlmeise 6
Kolibris 10, 17, 25
Kuckuck 11
Lachender Hans 6
Laubenvogel 7
Maina 20
Mauersegler 12, 16
Möwensturmvogel 35
nachtaktive Vögel 33, 37, 38–39

Nest 7, 8–9, 10, 11, 31, 33, 35
Papageien 32, 38
Papageitaucher 35
Paradiesvogel 41
Pelikan 34
Pinguine 21, 43
Reiher 27
Rennkuckuck 37
Renntaucher 7
Riesensturmvogel 29
Rotkehlchen 5
Rotschenkel 23
Scheidenschnabel 42
Schlüpfer 45
Schnäbel 11, 24–25, 29, 34, 40, 41
Schneckenweih 26
Schneehuhn 42

Seeschwalben 7, 9, 18, 19
Sekretär 37
Spatz 46
Sperber 23
Star 3
Stelzenläufer 23
Strauß 36
Tarnung 32–33
Tauben 14, 19, 45
Thermometerhuhn 9
Tukan 41
Vögel beobachten 46–47
Vogelzug 18–19
Wanderfalke 16
Webervögel 3, 8
Wellensittich 2, 26
Whip-Poor-Will 33

Erläuterungen: o = oben, u = unten, r = rechts, l = links, m = Mitte
Bildnachweis: Aquila Photographics: A. J. Morris 25o; Ardea London Ltd: A. Green-Smith 26mr, Chris Martin Bahr 29o, Jean Paul Ferrero 33ml, Jim Zipp 20ml, Kenneth W. Fink 27u, Tony & Liz Bomford 16m; Bruce Coleman Ltd: Allan G. Potts 9m, Erwin & Peggy Bauer 21u, Gordon Langsbury 30, 35ml, Gunter Zeisler 7ml, Jeff Foott Productions 31u, John Cancalosi 9u, Peter Evans 17o; F.L.P.A.: A.R. Hamblin 11u, 42mr, Bob Langrish 37m, E. & D. Hosking Umschlagvorderseite om, 33or, 34u, F.W. Lane 26 ul, Geoff Moon 38o, Martin Wither 7o, Michael Allan 42ml, P. Moore Umschlagrückseite or, 7u, 18ur, R. Tidman 15o, 35o, R. van Nostrani 35u; Nature Photographers: R. Tidman 5o, W.S. Paton 25m; N.H.P.A.: A.N.T. 18m, Alberton Wardi 42u, David Middleton 19u, Nigel J. Dennis 20 o, 23ml, Orion Press 45ml, Paal Hermansen 6m; Oxford Scientific Films: David Tipling 23u, Des & Jan Bartlett 3m, Keith & Liz Laidler 31o, Mark Hamblin 33u, Michael Brook 29u, Owen Newman 39o; Science Photo Library: Sinclair Stammers 4; The Stock Market: Schafer 43u; Jerry Young 1, 17u, 24mr, 34l, 43o.

Die Deutsche Bibliothek – CIP-Einheitsaufnahme

Vögel / Nick Arnold; Robin Edmunds; Oliver Ken. [Übers.: Wolfgang Hensel]. –
Ravensburg: Ravensburger Buchverl., 1999
(Extrawissen)
Einheitssacht.: Birds <dt.>
ISBN 3-473-35825-8

4 3 2 1   02 01 00 99

© 1999 Ravensburger Buchverlag Otto Maier GmbH
Alle Rechte, auch die des auszugsweisen Nachdrucks,
der fotomechanischen Wiedergabe
Wiedergabe und der Übersetzung, vorbehalten.
Titel der Originalausgabe: FUNFAX EYEWITNESS: Birds
© 1998 by Funfax Ltd, Woodbridge, Suffolk, England
Übersetzung: Dr. Wolfgang Hensel · Umschlaggestaltung: wg3, Reinhard Raich
Redaktion: Ute Thomsen
Printed in Germany
ISBN 3-473-35825-8